SHOPPING 3.0 GRAZIE A
FOX TECH BESTSHOPPING

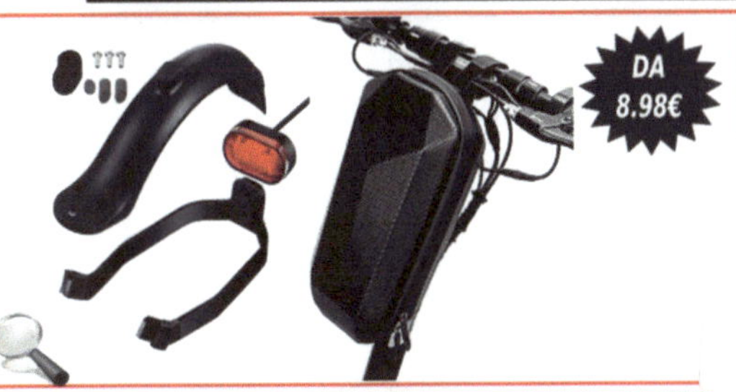

RISPARMIA SFRUTTANDO ERRORI DI PREZZO,SCONTI A TEMPO,SUPER PROMOZIONI

I MIGLIORI NEGOZI ONLINE E PRODOTTI

ISCRIVITI IMMEDIATAMENTE E SCOPRI TUTTI I GIORNI QUANTE OFFERTE!

PAGINA TELEGRAM UFFICIALE: FOX TECH BESTSHOPPING

QUALI COMPONENTI?

I componenti necessari per costruire un impianto fotovoltaico ad isola sono semplici, l'importante è fare attenzione quando si progetta di sovradimensionare i conduttori e calcolare i fusibili o i dipartimenti di protezione in generale.

In questa semplice guida vedremo un sistema a bassa tensione 12v, ma ovviamente è possibile aumentare la tensione finale del sistema anche a 24v / 48v ecc. Per aumentare la tensione è necessario aumentare il numero di pannelli fotovoltaici, l'inverter e i componenti vanno scelti in base a questi dati, e infine le batterie devono essere compatibili (non più alte o più basse dell'uscita VOLT del controller di carica).

1 controller di carica DC
1 gruppo batterie
3 pannelli fotovoltaici mono / poli / amorfi

1 set di cavi per pannelli solari
1 fusibile a bassa tensione
1 voltmetro / amperometro

Si consiglia di utilizzare un cavo elettrico gommato di buona qualità, questo tipo di prodotto è flessibile, resistente e altamente isolante, oltre a fornire un'elevata conducibilità elettrica, che come sappiamo è il punto focale delle batterie che sono piombo, gel o litio sono le correnti di avviamento, che in un'installazione domestica o in garage che deve alimentare grandi carichi è necessario utilizzare cavi adeguati. Se non di buona qualità, il cavo andrà in combustione al primo segnale di sovracorrente.

Vediamo in dettaglio i componenti di base di un impianto fotovoltaico ISOLA. Si dice che sia un'isola perché è completamente staccata dal fornitore di energia, quindi completamente indipendente. Tuttavia, ti informiamo che ci sono centinaia di alternative per andare a costruire un sistema fotovoltaico isola, con più o meno componenti e accessori.
Ti ricordo che come le batterie, anche i moduli o i pannelli fotovoltaici hanno 2 poli, uno è POSITIVO + l'altro è NEGATIVO
Il colore di riferimento del negativo è il nero
Il colore di riferimento del positivo è il rosso

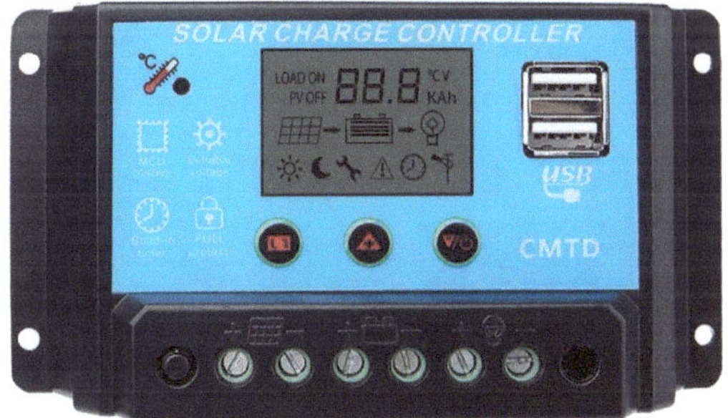

SOLAR CHARGE CONTROLLER
LOAD ON
PV OFF
USB
CMTD

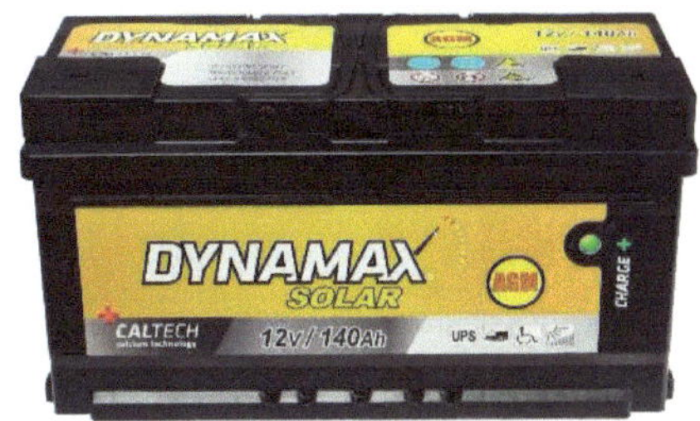

DYNAMAX
SOLAR
CALTECH
12V / 140Ah

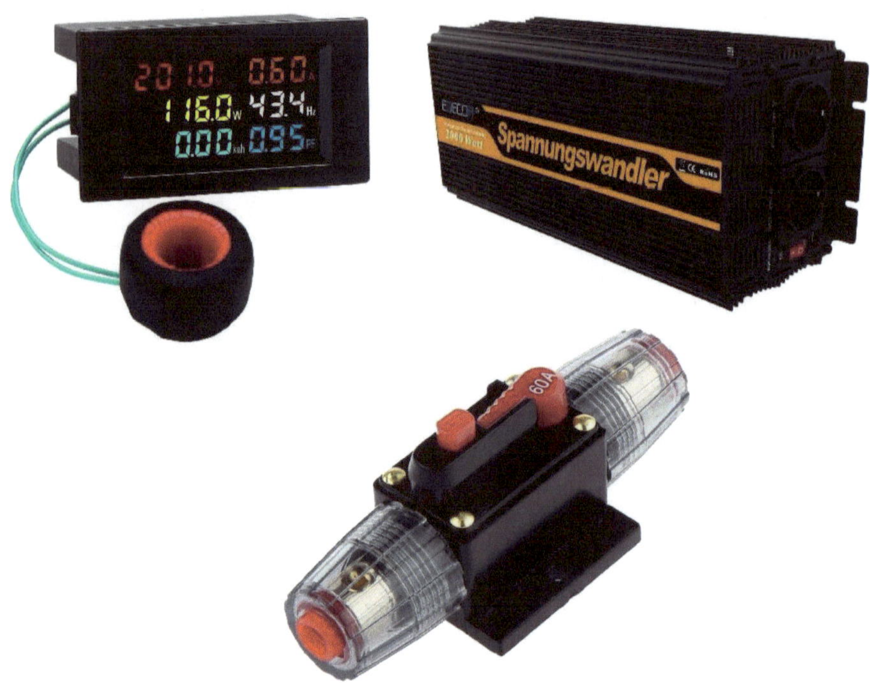

Esempio di configurazione dell'impianto ISOLA

Esistono diversi tipi di pannelli fotovoltaici, inverter e regolatori di carica sul mercato, che variano in potenza, dimensioni e tecnologia. Ovviamente, ci sarà il buono, il meno buono, il basso costo e la bassa qualità. Un consiglio che posso darti nella scelta dei componenti è leggere bene i dati tecnici (anche se molte volte sono FALSATI) armati di molta fortuna, perché acquistare online oggi non è un gioco. Può succedere che i prodotti ricevuti non rispettino appieno le caratteristiche tecniche nascoste, ad esempio un fattore cruciale che ho incontrato personalmente più volte è quello di FALSA POTENZA. Ad esempio, in realtà un inverter da 1000 w sarà in grado di trattenere questi watt forse con un picco di pochi secondi, quindi si spegnerà o si brucerà. Invece ci sono altri migliori che i 1000w di etichetta possono mantenere ore, ovviamente riscaldandosi ma sono `` sovradimensionati '' correttamente, questo purtroppo senza test con la mano non lo saprai mai, quindi se hai amici, parenti conoscenti che usano questi componenti ti consiglio di chiedere informazioni, studiarli e poi se vanno bene compra tutto. L'alternativa è quella di andare alle sensazioni e alle schede tecniche, quella che tutti noi facciamo purtroppo, così tante volte va bene, una piccola parte delle volte c'è la fregatura ... E li facciamo programmi di rimborso, sostituzione ove disponibili.

Il sistema fotovoltaico dell'isola si monta come mostrato nell'immagine allegata sopra uno o più pannelli fotovoltaici, inoltre ci sono varie tecnologie di pannello fotovoltaico (monocristallino, amorfo e policristallino) La differenza sta nella qualità della sostanza e efficienza del pannello stesso

Quindi abbiamo i controller di carica, ci sono controller digitali, analogici ecc. I più consigliati sono quelli della tecnologia MPPT, ci sono controller più o meno intelligenti, più o meno versatili e più o meno costosi. Anche qui, presta attenzione alla scelta che finirai per fare, poiché sappiamo già che otterrà un prodotto che rispetta il tuo BUDGET di spesa e dalle schede tecniche deve essere conforme al sistema che stai per fare.

Il cablaggio come già accennato è un altro fattore importante, non fare come ì tanti che utilizzano i fili telefonici per collegare i pannelli fotovoltaici! Ricorda che i cavi in un impianto sono come le autostrade in un paese, migliori sono le strade,autostrade, migliore è il flusso del traffico, minori sono le strade e le autostrade, maggiori saranno i problemi. In pratica, se il cavo è di sezione ridotta, basso isolamento o di materiale non di qualità, si verificheranno perdite di tensione, dispersione e corto circuito elettrizzante.

La batteria, ci sono dozzine e dozzine di varianti e persino modelli! Abbiamo piombo, litio, gel ... Ma qual è il migliore per te? Quello che puoi permetterti! In teoria quella al litio è migliore (senza dubbio) ma ovviamente ha costi molto più alti rispetto a una semplice batteria al piombo-acido di Auto (ad esempio). La scelta della batteria deve essere fatta anche sull'AH che sono i dati che indicano l'autonomia finale del nostro sistema, più hai più autonomia, più energia puoi immagazzinare dal sole.

ATTENZIONE: prima di iniziare l'installazione dei vari componenti, creare uno schema elettrico, non cortocircuitare le linee. Rischio di incendio, esplosione.

Non dimenticare i fusibili a bassa tensione e il sistema di protezione ad alta tensione, manterranno tutto sotto controllo. Si consiglia di utilizzare fusibili a siluro con un contenitore di plastica simile all'esempio mostrato qui. Questo fusibile, come puoi vedere, ha una leva e una chiave, inoltre attraverso le due viti laterali puoi andare per inserire i cavi elettrici direttamente sulla morsettiera a vite, i fusibili devono essere scelti con un singolo dato della piastra AMPERE, gli Ampere devono essere calcolati in base all'assorbimento che si dovrebbe teoricamente avere nel proprio sistema elettrico. Ad esempio, teorizzando che dovrò fornire carichi per un massimo di 45 / 50Ampere, vado a scegliere un fusibile adatto alle mie esigenze, nel mio caso ne metterò uno da 60A.

Ovviamente tutto deve essere dimensionato su questo valore attuale (anche il cablaggio, il regolatore di carica e ovviamente l'inverter) Stiamo ovviamente parlando di fusibili DC e bassa tensione 12v. Per l'alta tensione puoi andare a utilizzare un sistema di protezione molto comune a 230v, come in tutti gli appartamenti normali.

Considerando che un impianto fotovoltaico di dimensioni medio-piccole ha potenze non superiori a 1000 w, questi valori rientrano negli standard. Tutto cambia invece se il tuo impianto è più grande, deve alimentare carichi con maggiore assorbimento e ovviamente contemporaneamente. Puoi anche avere picchi di 200 / 300AMP che a bassa tensione a 12v corrispondono a circa: 3600w

3600w teorizziamo che sono:

 1) scaldabagno elettrico

 1) TV da 55 pollici

 1) Frigorifero in classe energetica A +++

Forse potresti andare ad usare qualche altro elettrodomestico 230v ma a bassa potenza, se l'inverter scelto riesce a mantenere questi poteri, se il cablaggio può far funzionare tutta l'energia necessaria e se i pacchi batteria usati sono abbastanza grandi, perché se la tua batteria o il pacco batteria è piccolo, ovviamente tutto si spegnerà in pochi secondi. Quindi è tutto direttamente proporzionale, più hai, maggiore deve essere il pacco batteria, anche perché stiamo parlando di un'installazione ISOLATA DAL ENTE ELETTRICO NAZIONALE.

Quindi, dove le nostre batterie non sono di buone dimensioni e vengono scaricate, ad esempio, alle 21:00, noi per il resto della sera, la notte e forse anche il giorno successivo siamo senza elettricità. Non avendo una buona radiazione solare e avendo bisogno di ricaricare diversi kWh, abbiamo bisogno di molte ore di esposizione al sole prima che il sistema ritorni alle condizioni normali.

Quindi come puoi capire se hai così tanti consumi anche se hai poco, le batterie devono essere calcolate in modo da avere sempre energia disponibile, perché rimanere senza ENERGIA significa rimanere al buio. Ovviamente, tuttavia, non è possibile installare 3kwh di batteria se si dispone di un piccolo impianto fotovoltaico, ad esempio 100w. O meglio, potresti persino andare a farlo, ma hai bisogno di molto più tempo, più energia dal sole per poter ricaricare il grande pacco batteria. Detto questo, il sistema di pannelli fotovoltaici deve essere di buona potenza per poter garantire una carica aggiuntiva ogni giorno.

È vero che i pannelli fotovoltaici sono grandi e che per avere molta energia abbiamo bisogno di più pannelli, e molti di noi non hanno spazio, ad esempio un bel tetto vuoto pronto per essere riempito con pannelli fotovoltaici. Sul mercato troverai vari kit pronti per l'uso, ti forniscono inverter, pannelli fotovoltaici, regolatore di carica, batteria, cablaggio. Molte volte, è la soluzione migliore per evitare di impazzire per visualizzare, cercare e contattare venditori e aziende. Ma molte volte, non è la cosa migliore, poiché una buona parte è costituita da componenti di bassa qualità, vedi quello che ho scritto prima sui valori "falsi".

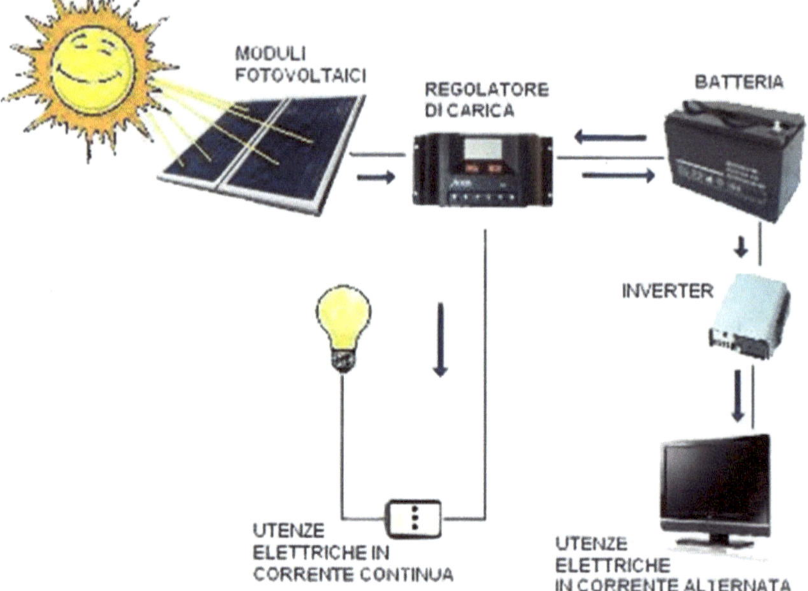

In un impianto dell'isola hai 2 diversi sistemi elettrici, collegati tra loro. Uno è il sistema a bassa tensione 12v, l'altro è il sistema ad alta tensione 230v.

Sistema a bassa tensione 12 V CC / CC

Sistema ad alta tensione 200 / 230v AC

Grazie a questo siamo in grado di fornire carichi a bassa tensione 12v anche direttamente dalla linea DC (vedi lampade, faretti, motori di piccola potenza, apparecchiature elettroniche).

Il controller di carica ha 3 canali di connessione.

1) Ingresso pannello solare

2) Uscita a bassa tensione

3) Uscita di ricarica della batteria

Grazie alla preparazione di prodotti commerciali, come avrai visto avrai sempre a tua disposizione una linea DC, che ovviamente devi proteggere con un fusibile aggiuntivo e che se usato continuamente con cavi e connettori di dimensioni adeguate.

Utilizzare sempre interruttori di linea per accendere / spegnere i carichi e non lasciarli costantemente in linea (vanno a scaricare inutilmente il pacco batteria) che in un sistema ad isola NON BISOGNA AVERE PERDITE.

FOCUS SUI CAVI

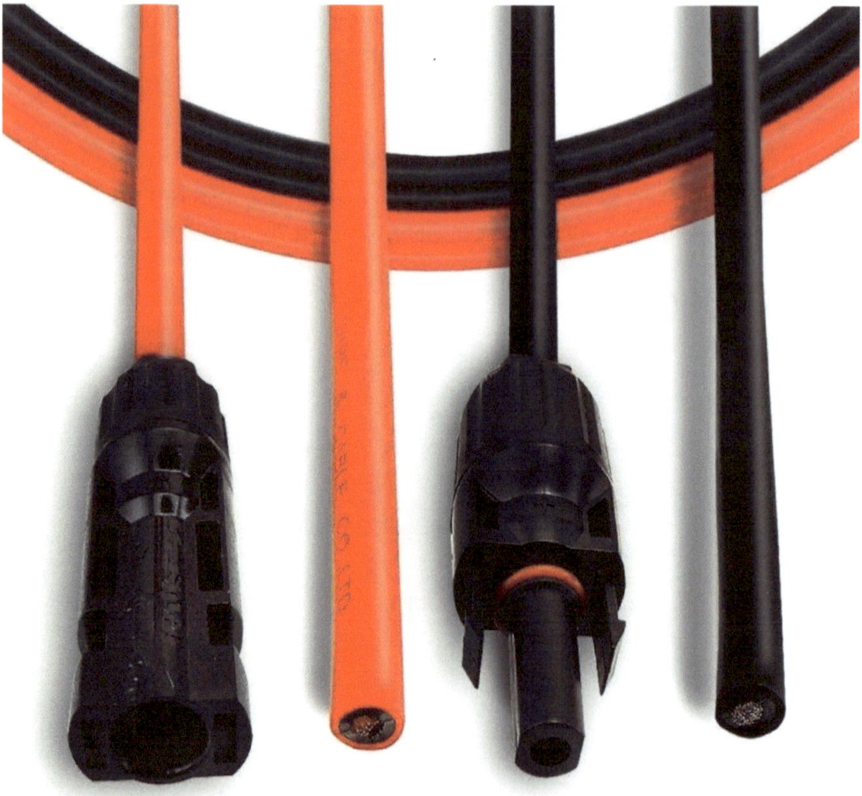

INVERTER

WORK AND ERROR
OUTPUT 230V AC
OUTPUT 230V AC
ON
OFF

Connettori ad alte prestazioni

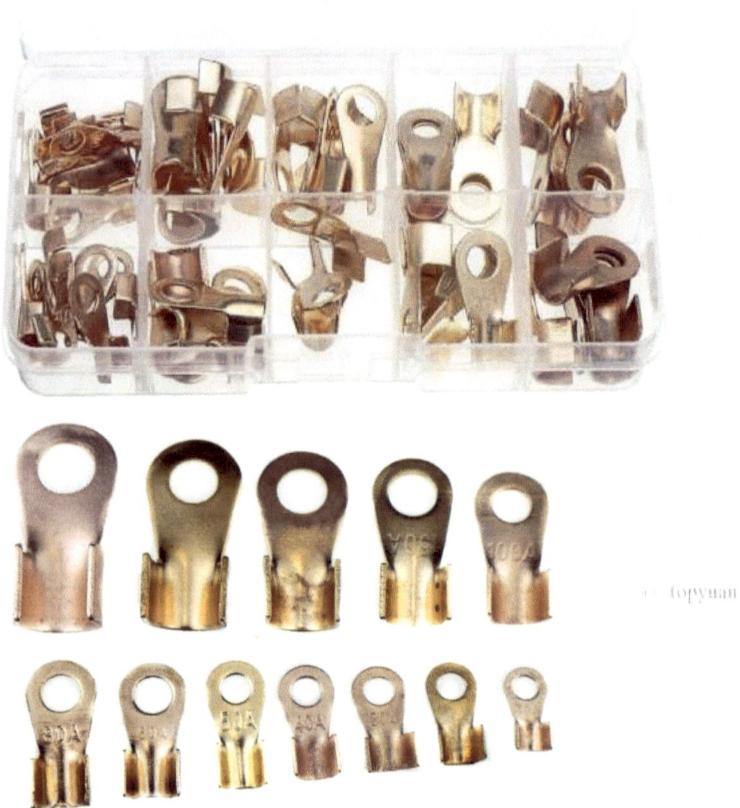

Questa alternativa di connettore non è un vero e proprio connettore ad innesto, ma possiamo ugualmente integrarlo in questo piccolo manuale poiché per corretti alte sono la migliore soluzione. Infatti arrivano anche a oltre 500AMPERE di scarica continua. Anche questi vanno saldati in maniera corretta e isolati con guaina termoretraibile, l'installazione va fatta con bulloni e dadi di adeguato diametro per una conducibilità ottimale.

Raccomandazioni Finali

Si raccomanda l'uso di questi connettori solo se il tuo sistema è compatibile con un sistema Plug, i cavi devono essere saldati e isolati per evitare infiltrazione di acqua e vapori. Non invertire la polarità al momento della saldatura ATTENZIONE può provocare cortocircuiti nel circuito o nella batteria. Testare il connettore saldato prima della connessione alla batteria.

Si consiglia di utilizzare questi connettori solo se il sistema è compatibile con un sistema a spina, i cavi devono essere saldati e isolati per evitare infiltrazioni di acqua e vapore. Non invertire la polarità al momento della saldatura. AVVERTENZA può causare cortocircuiti nel circuito o nella batteria. Provare il connettore saldato prima di collegarlo alla batteria.

Focus sui pannelli solari

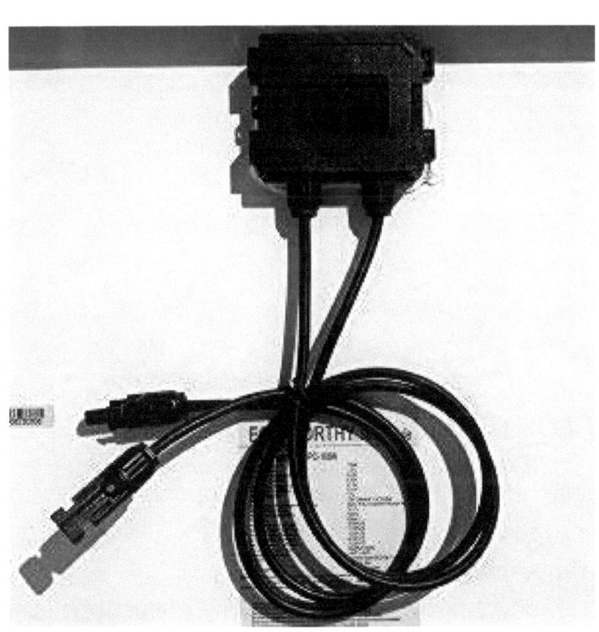

Tutti i pannelli solari devono aver fornito i connettori plug-in simili a questi nella foto, alcuni modelli tuttavia NON hanno i connettori ma i terminali dove cablare un cavo elettrico. Tuttavia, consiglio di utilizzare pannelli con connettori già cablati in modo da facilitare l'installazione del sistema generale.

La struttura dei pannelli solari è generalmente in alluminio, ma se si

utilizzano pannelli sottili (flessibili) il corpo è molto sottile e non più in alluminio ma in plastica rigida / flessibile. Entrambi sono tuttavia progettati per uso esterno e sono fissati con strutture metalliche e bulloni / viti / blocchi di ferro. O viti e bulloni o persino morsetti di plastica nel caso di quelli sottili

ESEMPIO DI COLLEGAMENTO DI COMPONENTI CON CAVI

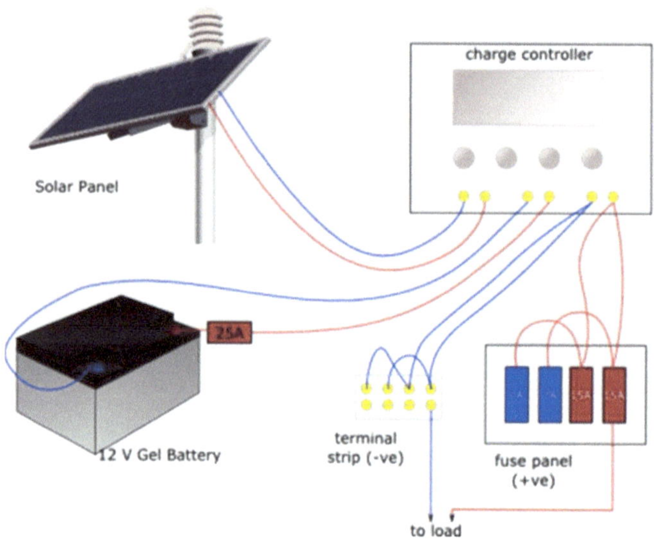

SERIE / COLLEGAMENTO PARALLELO

Il collegamento tra i pannelli solari e le batterie è la cosa più importante in tutto il sistema. Questo perché da come si sceglie di interconnettere i moduli fotovoltaici si avrà una diversa tensione, corrente finale.

Le connessioni possibili come sai sono 2, Serie o parallele. Con Connessione in serie avrai un aumento di VOLT, con una connessione parallela aumenterai AMPERE. Nel nostro caso il sistema deve funzionare a bassa tensione 12v, quindi è necessario aumentare la potenza per aumentare la corrente fornita. La scelta passa quindi alla connessione PARALLEL. Con la connessione parallela avrai più corrente mantenendo invariate le tensioni, nel nostro caso intorno a 12v (che in ogni caso il pannello fotovoltaico ti darà qualcosa in più).

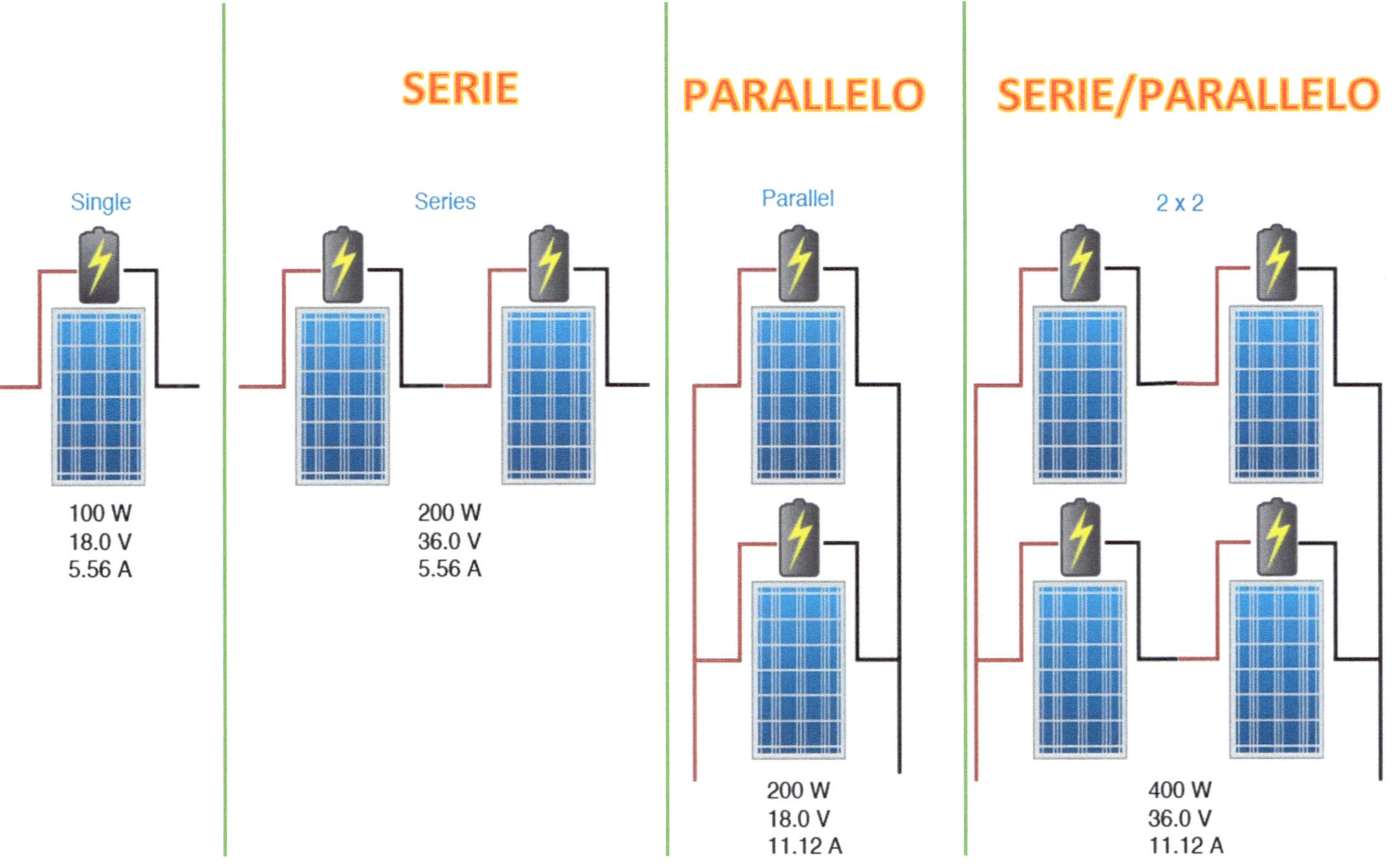

SERIE
PARALLELO
SERIE/PARALLELO
Single
100 W
18.0 V
5.56 A
Series
200 W
36.0 V
5.56 A
Parallel
200 W
18.0 V
11.12 A
2 x 2
400 W
36.0 V
11.12 A

Come vedrai dal diagramma precedente, le configurazioni sono diverse ma quello che devi mettere in pratica su questo tipo di sistema 12v con pannelli 12v è quello parallelo. Se, ad esempio, dovessi creare un sistema a 24 V con pannelli a 12 V, come dovrebbe essere configurato il sistema? Ora voglio metterti alla prova.

Disegna qui il sistema fotovoltaico, sapendo che hai a disposizione 2 pannelli 12v 100w e che il regolatore di carica accetta una tensione 24v.

Disegna qui il sistema fotovoltaico, sapendo che hai a disposizione 6 pannelli da 12 V 100 W e che il regolatore di carica accetta una tensione di 24 V, ma è necessario più AMPERE. (SE NON LO SAPI VAI ALLA PROSSIMA Pagina)

Nel caso in cui sia necessario aumentare la tensione e la corrente, è necessario andare a un'installazione che utilizza sia la connessione seriale che la connessione parallela, poiché come si è visto dal diagramma precedente aumentando i moduli in serie, la tensione finale aumenta, aumentando i moduli in parallelo la corrente aumenta. Con il sistema in serie parallela, è possibile utilizzare decine di pannelli, divisi in gruppi per creare potenze finali molto elevate e ricaricare rapidamente i pacchi batteria. LO STESSO SISTEMA È PER LE BATTERIE AL PIOMBO / GEL

SISTEMA DI CONTROLLO

Il sistema di controllo è essenziale per sapere in tempo reale quanta energia stai

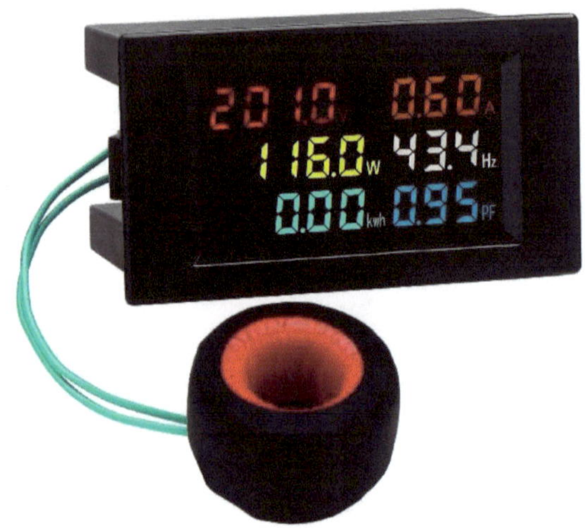

producendo, quanto consumi e molti prodotti commerciali sono anche in grado di fare un calcolo mensile / annuale sul consumo effettivo della tua casa.

Stiamo ovviamente parlando di inverter professionali che hanno anche il dipartimento di regolazione della carica / controllo e l'unità di controllo dell'alimentazione che aumenta la tensione da bassa ad alta e la trasforma in corrente alternata. Molti inverter hanno anche la possibilità di connettersi con le porte ETERNET e Wi-Fi, si collegano in remoto con un PC, smartphone TABLET e ti danno grafici sul consumo 24/24 e in tempo reale da tutto il percorso.

Se invece vogliamo andare su un sistema economico, semplice e che ci dice solo ed esclusivamente volt / ampere / watt in tempo reale, possiamo optare per qualcosa di più semplice. Questa è una delle centinaia di modelli disponibili in commercio. È un voltmetro / amperometro. In effetti, questo può misurare tensioni CC e persino CA con una buona precisione (a seconda del modello). Il mio consiglio è di montare uno per la parte CC e l'altro per la parte CA. In questo caso il display a LED diviso per colori indica varie informazioni.

Voltaggio: 201v ---- Corrente: 0.6AMP ------ Quindi abbiamo Kwh e 0,95 PF
Consumo Watt: 116w ---- Freq: 43,4hz

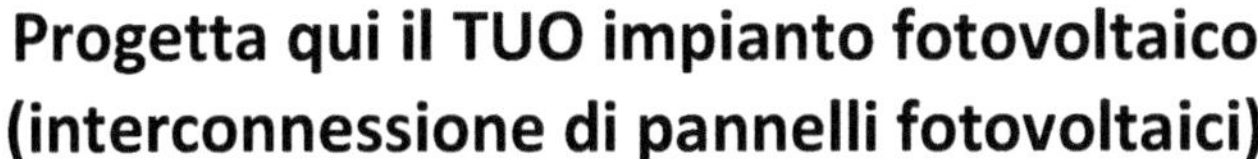

**Progetta qui il TUO impianto fotovoltaico
(interconnessione di pannelli fotovoltaici)**

Cavi elettrici Tabella delle sezioni commerciali

AWG	Diametro mm	Sezione (Area) mm2	AWG	Diametro mm	Sezione (Area) mm2
0000 (4/0)	11,684	107,22	21	0,723	0,411
000 (3/0)	10,405	85,01	22	0,644	0,324
00 (2/0)	9,266	67,43	23	0,573	0,259
0 (1/0)	8,252	53,49	24	0,511	0,205
1	7,348	42,41	25	0,455	0,162
2	6,544	33,62	26	0,405	0,128
3	5,827	26,67	27	0,361	0,102
4	5,189	21,15	28	0,321	0,0806
5	4,62	16,77	29	0,286	0,0649
6	4,115	13,3	30	0,255	0,0507
7	3,655	10,55	31	0,227	0,0401
8	3,264	8,37	32	0,202	0,0324
9	2,906	6,63	33	0,18	0,0255
10	2,588	5,26	34	0,16	0,0201
11	2,305	4,17	35	0,143	0,0159
12	2,052	3,31	36	0,127	0,0127
13	1,828	2,63	37	0,113	0,0103
14	1,623	2,08	38	0,101	0,0081
15	1,45	1,65	39	0,09	0,0062
16	1,291	1,31	40	0,08	0,0049
17	1,149	1,04	41	0,071	0,0039
18	1,024	0,823	42	0,064	0,0032
19	0,912	0,653	43	0,056	0,0025
20	0,812	0,519	44	0,051	0,0020

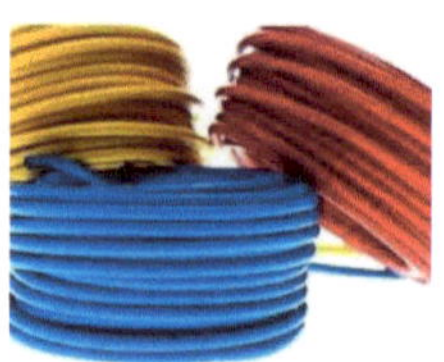

PowerwallMAKER

IL CORSO PRATICO SUI GRUPPI DI ACCUMULO

CODICE PROMOZIONALE: MP2021W

Il futuro è batterie litio! Oggi tutto funziona a batteria!

Isciviti al corso pratico sulle batterie litio,inzia a costruire il tuo sistema di accumulo per appartamento quasi a costo zero

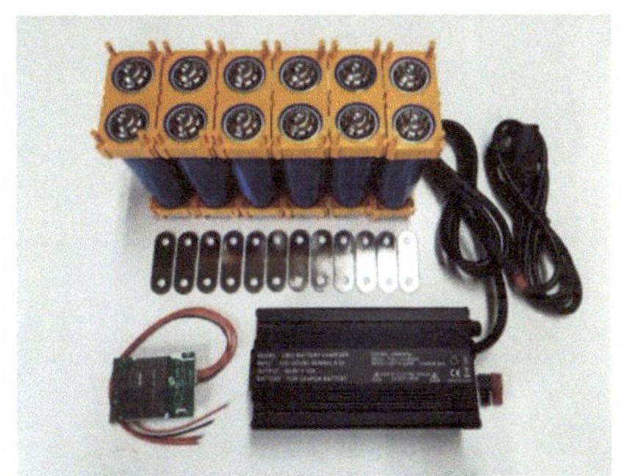

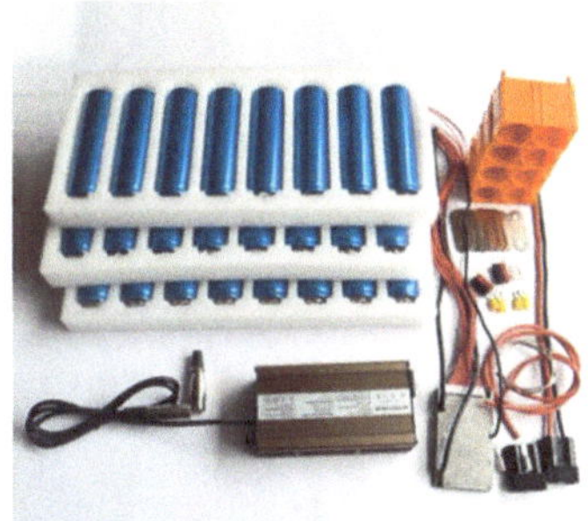

Studia,fai tanta pratica in questo bellissimo mondo sarai capace di costruirti il tuo gruppo di accumulo da 3/5/10/20kwh e volendo staccarsi dal fornitore ente energetico,stop bollette salata! Utilizza il fotovoltaico per generare energia per poi accumularla nelle tue grandi batterie Autocostruite!Entra anche tu nella Famiglia **Powerwall MAKER** Scansiona il QRcode per maggiori dettagli.

PRENOTA OGGI E AVRAI IL 5% DI SCONTO IMMEDIATO CONTATTA: GF.ELETTRONICA@LIVE.IT E COMUNICA IL CODICE PROMOZIONALE

I conduttori più Utilizzati con specifica correnti massime:

AWG	Dia mm	SWG	Dia mm	Max Amps	Ohms / 100 m
11	2.30	13	2.34	12	0.47
12	2.05	14	2.03	9.3	0.67
13	1.83	15	1.83	7.4	0.85
14	1.63	16	1.63	5.9	1.07
15	1.45	17	1.42	4.7	1.35
16	1.29	18	1.219	3.7	1.48
18	1.024	19	1.016	2.3	2.04
19	0.912	20	0.914	1.8	2.6
20	0.812	21	0.813	1.5	3.5
21	0.723	22	0.711	1.2	4.3
22	0.644	23	0.610	0.92	5.6
23	0.573	24	0.559	0.729	7.0
24	0.511	25	0.508	0.577	8.7
25	0.455	26	0.457	0.457	10.5
26	0.405	27	0.417	0.361	13.0
27	0.361	28	0.376	0.288	15.5
28	0.321	30	0.315	0.226	22.1
29	0.286	32	0.274	0.182	29.2
30	0.255	33	0.254	0.142	34.7
31	0.226	34	0.234	0.113	40.2
32	0.203	36	0.193	0.091	58.9
33	0.180	37	0.173	0.072	76.7
34	0.160	38	0.152	0.056	94.5
35	0.142	39	0.132	0.044	121.2

I FUSIBILI – MODELLI COMMERCIALI

In commercio esistono centinaia di modelli, dimensioni, forme e correnti di riferimento. Il fusibile è un componente elettrico di protezione che viene montato in tutti gli impianti elettrici come componente di protezione, infatti ci protegge da cortocircuiti. Ma come funzionano i fusibili?
Semplicissimo! I fusibili che siano in vetro, ceramica, plastica etc. Hanno un contenitore esterno, che ne dà la forma e il colore, poi internamente però la tecnologia è sempre la stessa. Abbiamo infatti una striscetta di materiale conduttore, che ci permette di far scorrere gli elettroni ed alimentare il nostro utilizzatore. Possiamo infatti alimentare luci led, motori, lampade alogene, e circuiti elettronici in genere. Il fusibile generalmente va inserito sul polo positivo del cavo di alimentazione, al passaggio della corrente il fusibile non si oppone, ma ove si superi la soglia di scheda tecnica dello stesso si surriscalda la lamina conduttiva, salgono le temperature, diventa incandescente fino a quando non si brucia. Bruciandosi interrompe il circuito, cioè ci ha protetto la nostra carica da un sovraccarico.

Esempio:
Abbiamo un motore elettrico + una batteria a litio
Per alimentare il nostro motore elettrico che massimo può assorbire 50Apere cosa dobbiamo fare? Andiamo a mettere un fusibile di 50Amp come dato di targa, cosi ogni corrente extra verrà percepita dal fusibile come oltre lo standard e si andrà a bruciare. È possibile utilizzare anche fusibili con valori inferiori a quello di massimo riportato nel dato di targa del motore o utilizzatore, per esempio uno da 10AMP/20AMP/30AMP etc. Cosa succede ove si utilizzi valori inferiori? Che se il tuo motore ha una necessità di corrente oltre la soglia del fusibile quest'ultimo si brucia, anche se il motore nello specifico può anche andare ben oltre i 10 o 20 AMPERE. Questo succede se il nostro motore è installato per esempio su una bici elettrica, in una percorrenza standard senza salite, pendenze abbiamo per esempio un assorbimento di corrente di 20AMPER, quando iniziamo a fare la salita, e più alta è questa più farà fatica il motore a spingerti e più sarà la richiesta di corrente si può arrivare anche oltre i 50° per esempio di scheda tecnica del motore. Come hai capito questi sbalzi di corrente non fanno bene ai cavi se mal dimensionati, e nemmeno alle schede delle batterie litio, ma vale uguale alle batterie al piombo o gel, che tutte vantano altissime correnti di Impulso anche oltre i 200/300AMPERE.

Questo esempio vale anche in un impianto fotovoltaico dove come giusta regola va posizionato un fusibile in ingresso e uscita dal regolatore di carica, cosi da proteggere sia a monte che a valle di esso. I fusibili vengono utilizzati nelle auto, moto, scooter tradizionali, li troviamo anche in prodotti di qualità come elettrodomestici, bici elettriche, scooter elettrici, TV, monitor, computer e tanto altro. Lo scopo è sempre quello di protezione del circuito a valle del fusibile, anche se funzionano a bassa, media o alta tensione. Infatti nelle TV e utilizzatori a 230v i fusibili sono dimensionati per correnti basse anche **mA** (milliampere) e lavorano in maniera precisa.
Più è alta la tensione, meno sarà la corrente che avremo nel nostro impianto, viceversa nel caso di impianti a bassa tensione vedi 12v delle auto! Li i fusibili hanno valori molto alti di corrente, come per esempio 5-10-20-30-50-100AMPERE. Se poi andiamo anche sul settore AUDIOFILO, dunque amplificatori, batterie ad alte prestazioni le correnti superano abbondantemente anche i 200/300AMPERE

FUSIBILI DI ALTI AMPERE

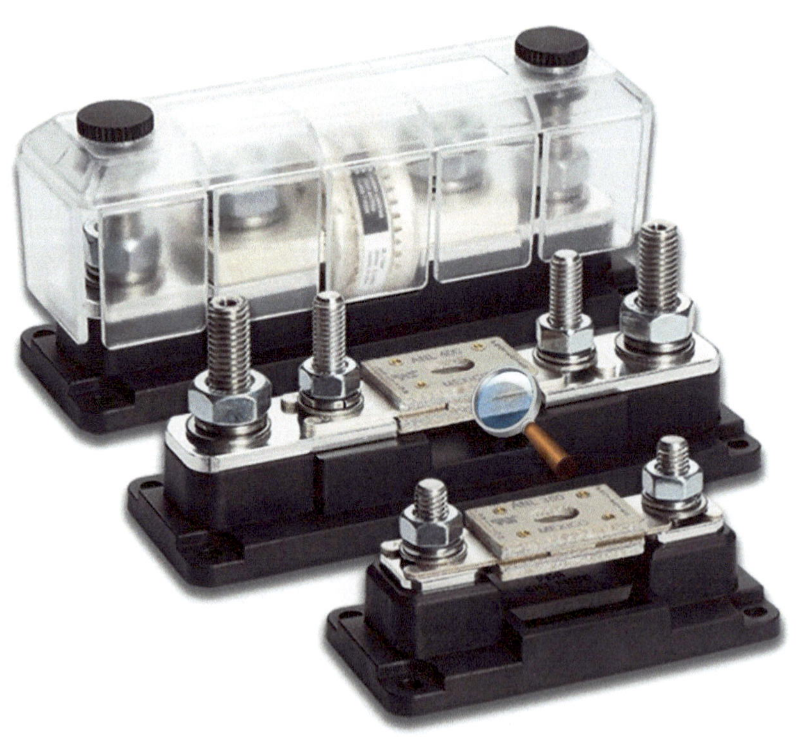

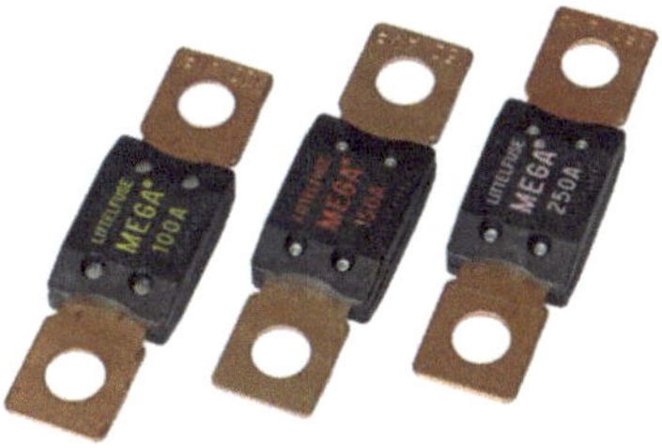

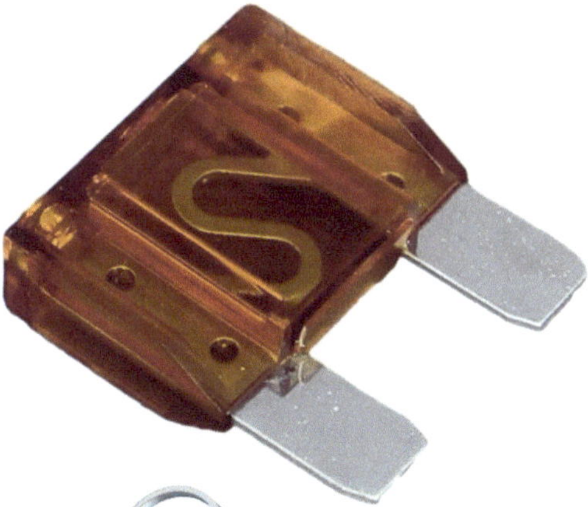

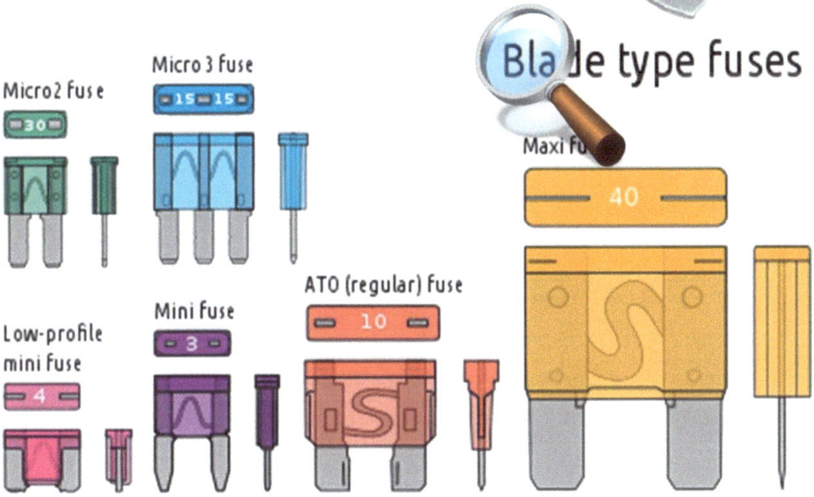

MEGA
100A
MEGA
150A
MEGA
250A

Blade type fuses
Micro2 fuse
30
Micro 3 fuse
15 15
Maxi fu
40
Low-profile
mini fuse
4
Mini fuse
3
ATO (regular) fuse
10

FUSIBILI BASSI AMPERE

10 A
2A D

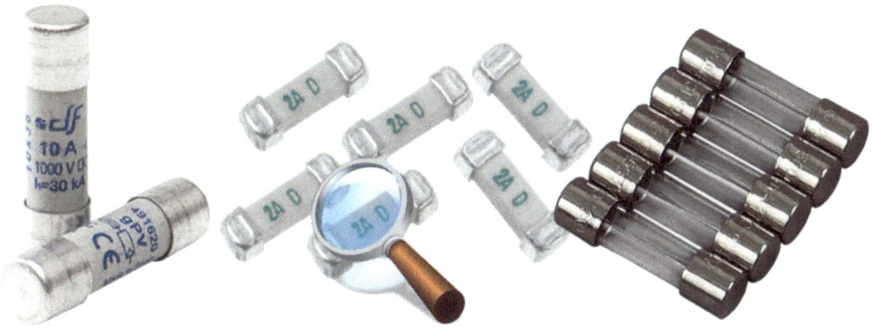

Visti alcuni modelli di fusibile che puoi reperire facilmente in un qualsiasi negozio di elettricità/elettronica passiamo ad analizzare il funzionamento. Questi sono componenti USA e GETTA, appunto perché quando entrano in funzione si bruciano e non potranno più essere riutilizzati. Esistono poi un'altra categoria di fusibile, più complessa e utilizzata in applicazioni particolari, sono appunto i fusibili auto ripristinanti. Tali componenti si utilizzano nella stessa maniera dei fusibili che stiamo analizzando in questi fascicoli, con la sola differenza che la lamina interna dopo un periodo di "riposo" torna nuovamente in posizione di partenza. Ritornando in posizione permette nuovamente al circuito di funzionare come da standard, e ovviamente il suo funzionamento si ripeterà per più e più volte. Questo ti andrà a far risparmiare la noia di sostituire i fusibili manualmente, l'acquisto degli stessi, e di restare "al buio" con la strumentazione che proteggeva.

Ovviamente però il costo di un fusibile normale è davvero davvero basso, invece quelle auto ripristinanti che sono in categoria speciale sono molto più alti. Un 'esempio di protezione ai cortocircuiti che si auto ripristina o meglio che ti protegge ma poi si può andare a farla rifunzionare è il nostro salvavita in appartamento o garage. Questo cosa fa? Scatta appena capta un sovraccarico o un cortocircuito, ma ovviamente la riattivazione non è automatica per questioni di sicurezza dovrai tu andare a riarmare l'interruttore e far scorrere nuovamente energia al tuo impianto (dopo aver eliminato ovviamente la causa del malfunzionamento che ha fatto scattare il salvavita).

Se vuoi più info sul funzionamento del salvavita di casa tua, ti voglio ricordare che è disponibile un fascicolo tutto dedicato a lui. Troverai info, nozioni tecniche e tanti consigli sull'uso.

FUSIBILI AUTORIPRISTINANTI

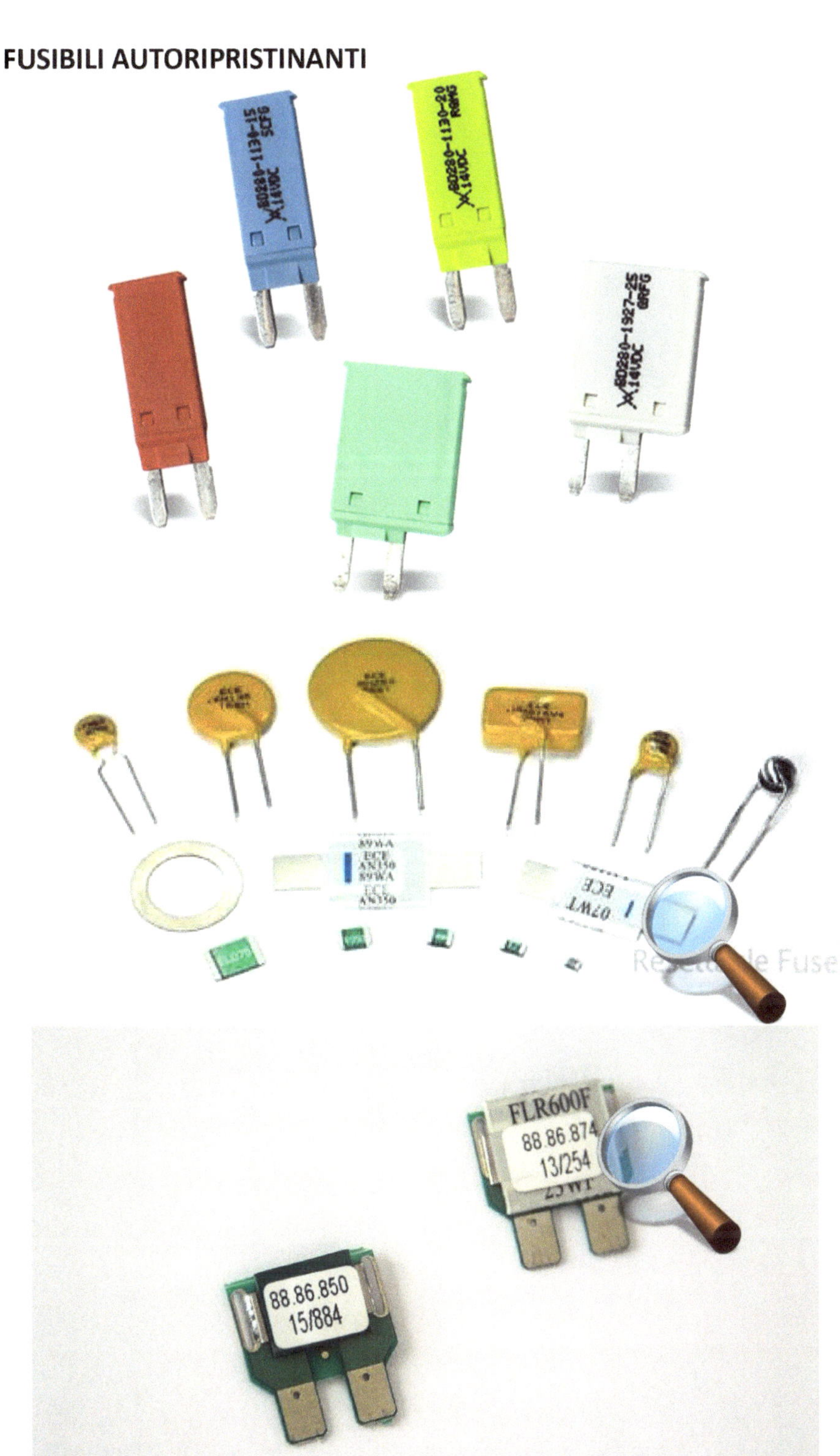

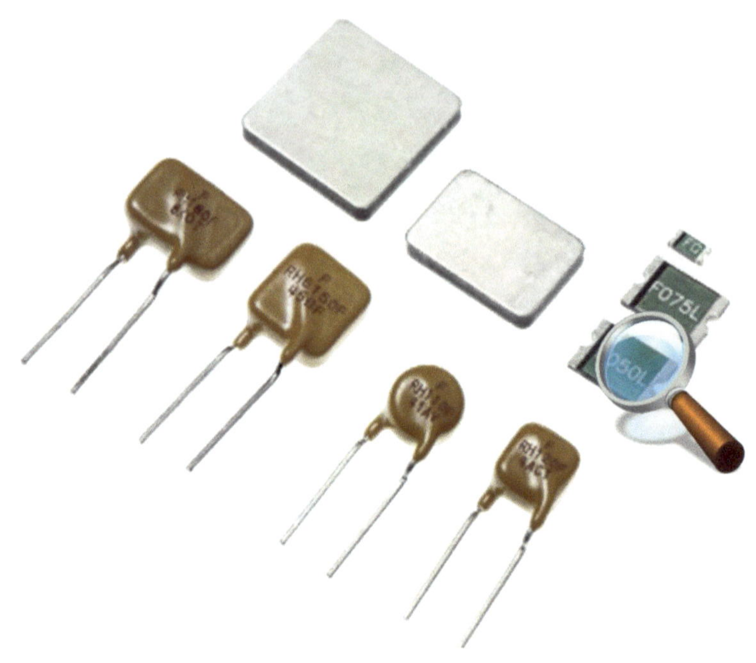

SUPER FUSIBILE 500A

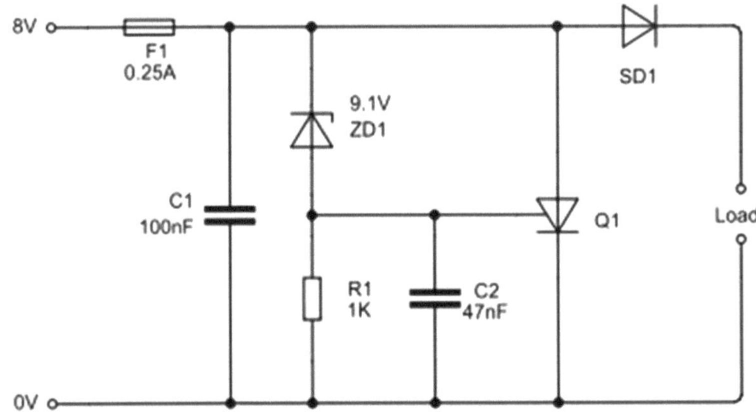

SCHEMA ELETTRICO CON L'USO DEL FUSIBILE

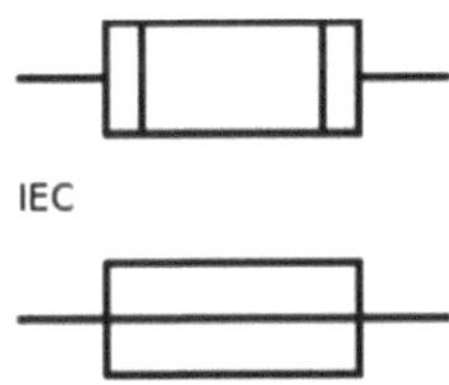

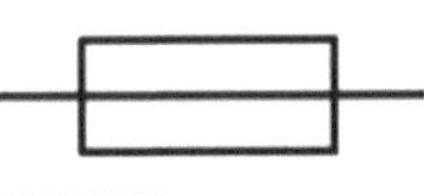

Il Simbolo elettrico del fusibile varia in base ai modelli, questi tre sono un esempio pratico. Varia anche dalla simbologia corrispondente alle

Institute of Elettrica and Electronics Engineers,

International Electrotechnical Commission

American National Standards Institute.

SCHEMA ELETTRICO CON FUSIBILE

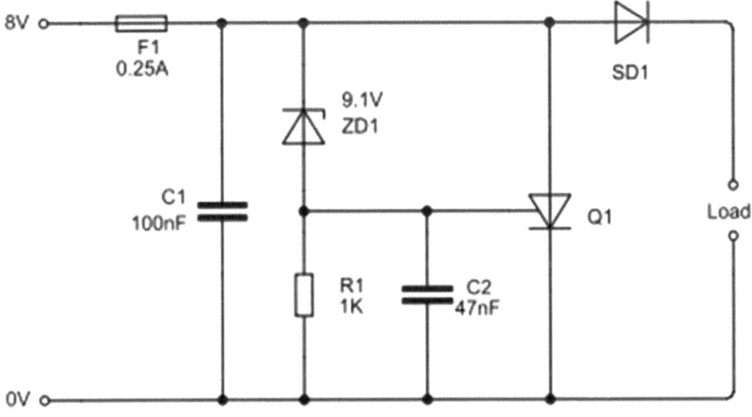

Questo è un banalissimo schema elettrico dove trovi il fusibile, come vedi e come già detto in precedenza vanno inseriti sui poli POSITIVI di alimentazione dei circuiti, che siano circuiti elettrici o elettronici (PCB). In questo schema il fusibile è il componente chiamato F1 da 0.25AMP. La tensione di funzionamento di tutto il circuito è di 8v e la potenza massima permessa al carico è di 2w. Ove il carico o il circuito a valle del fusibile abbia un assorbimento oltre questi 0.250mA il fusibile si brucia, proteggendo il tutto in maniera automatica. Se utilizzato un fusibile auto ripristinante il tutto si riavvierà dopo poco (ove non ci sia ancora il cortocircuito a valle) o se è un fusibile standard va sostituito con uno nuovo con uguali caratteristiche elettriche.

Schema colori (per mini e medium):

Colore	Portata
Nero	1A (solo medium)
Grigio	2A
Viola	3A
Rosa	4A
Arancio	5A
Marrone	7.5A
Rosso	10A
Blu-Azzurro	15A
Giallo	20A
Trasparente	25A
Verde	30A
Verde-Blu	35A (solo medium)
Ambra	40A (solo medium)

Colori fusibili dimensione grande

Colore	Portata
Giallo	20A
Grigio	25A (poco usato)
Verde	30A
Marrone	35A (poco usato)
Arancio	40A
Rosso	50A
Blu-Azzurro	60A
Arancio	70A
Trasparente	80A
Viola	100A

FUSIBILI TERMICI

Esistono anche i fusibili termici, che come dice anche la parola stessa TEMPERATURA. Questi fusibili scattano non con il variare della corrente nel filamento interno ma con l'aumentare della temperatura del componente da tenere sotto controllo. Per esempio abbiamo un motore elettrico che non deve andare oltre i 50°C, andiamo a inserire un fusibile termico sul polo positivo di alimentazione e questo si brucerà o meglio andrà ad aprire il circuito (proteggendo il motore) da una temperatura oltre quella da Scheda tecnica. Un ulteriore uso può essere su l'uso di resistenze elettriche per il riscaldamento, superata una soglia di temperatura il circuito viene interrotto, viene tolta corrente alle resistenze cosi da stare sotto la soglia limite.

I fusibili termici sono anche chiamati TCO vanno da circa 50 a 300°C, esistono anche per questo modello di fusibile dei tipi ripristinabili, forzando manualmente la lamina in posizione di lavoro e non AUTO ripristinanti come nel passato modello.

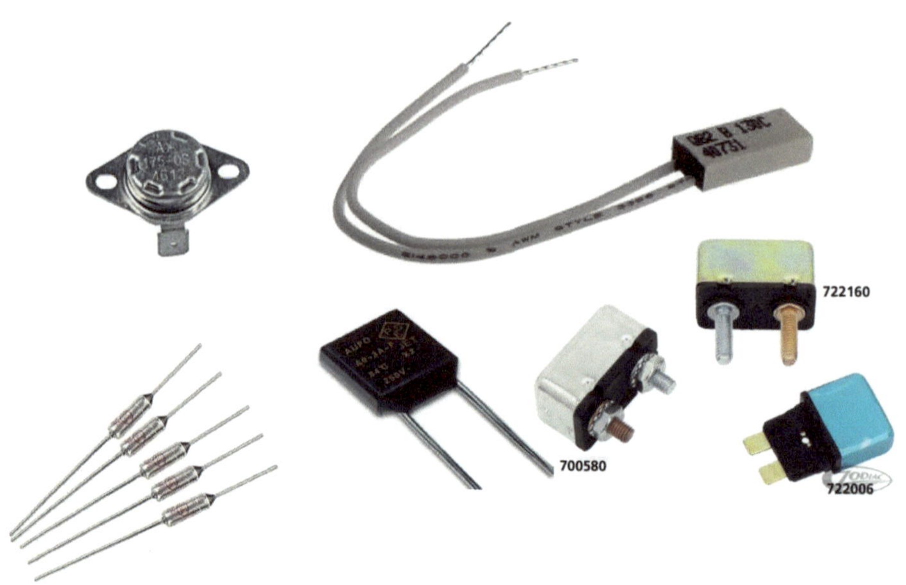

Soluzioni commerciali di facile uso,fusibili Standard

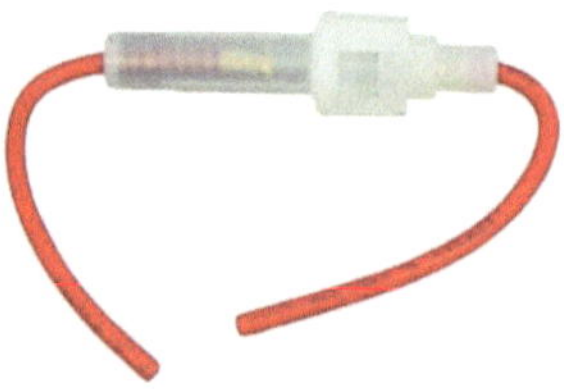

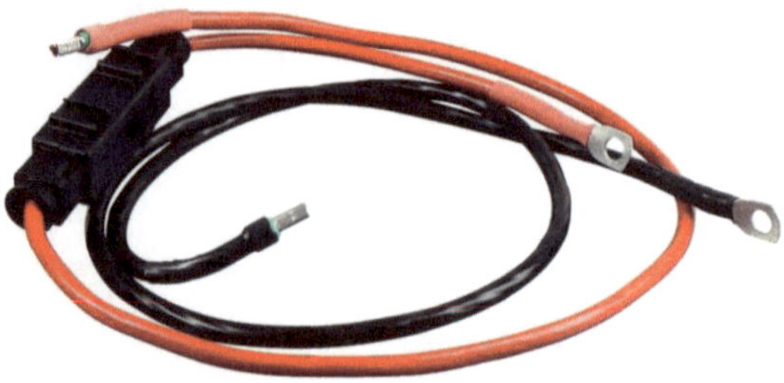

Il futuro è batterie litio! Oggi tutto funziona a batteria!

Isciviti al corso pratico sulle batterie litio,inzia a costruire il tuo sistema di accumulo per appartamento quasi a costo zero

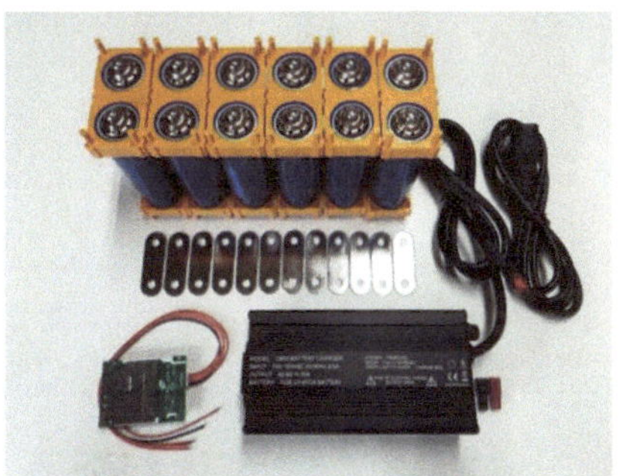

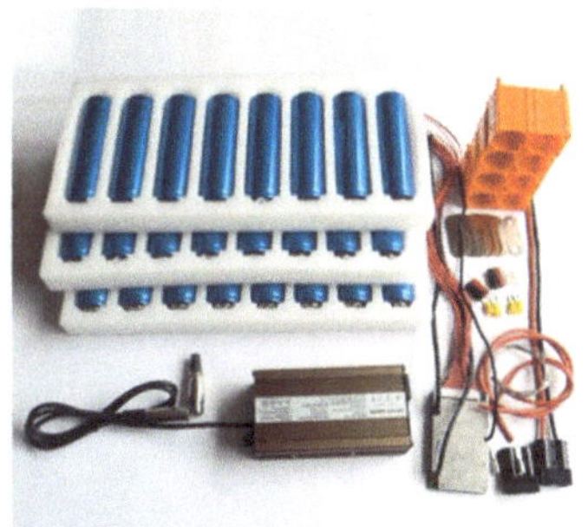

Studia,fai tanta pratica in questo bellissimo mondo sarai capace di costruirti il tuo gruppo di accumulo da 3/5/10/20kwh e volendo staccarsi dal fornitore ente energetico,stop bollette salata! Utilizza il fotovoltaico per generare energia per poi accumularla nelle tue grandi batterie Autocostruite!Entra anche tu nella Famiglia **Powerwall MAKER** Scansiona il QRcode per maggiori dettagli.

PRENOTA OGGI E AVRAI IL 5% DI SCONTO IMMEDIATO CONTATTA: GF.ELETTRONICA@LIVE.IT E COMUNICA IL CODICE PROMOZIONALE

CONNETTORI INNESTO

I connettori ad innesto sono uno standard nel mondo dell'elettronica, domotica e del fai da te in generale, in linea con le normative vigenti, questi connettori possono essere utilizzati in bassa tensione, o per alcuni modelli anche in media e alta tensione. Al variare delle correnti di spunto dovrà ovviamente variare il modello di connettore, poiché più è alta la corrente più dovrà essere lo spessore della parte metallica di connessione.

Il 90% dei connettori in commercio è formato da un corpo plastico/abs con nella parte interna due poli conduttivi, che siano POSITIVO che NEGATIVO. Cosa cambia?

Cambia la forma dei connettori stessi, Ci saranno i Femmina e i Maschio, e la loro unione sarà garantita dalla struttura plastica oltre che dal metallo dei poli che si auto innestano a pressione.

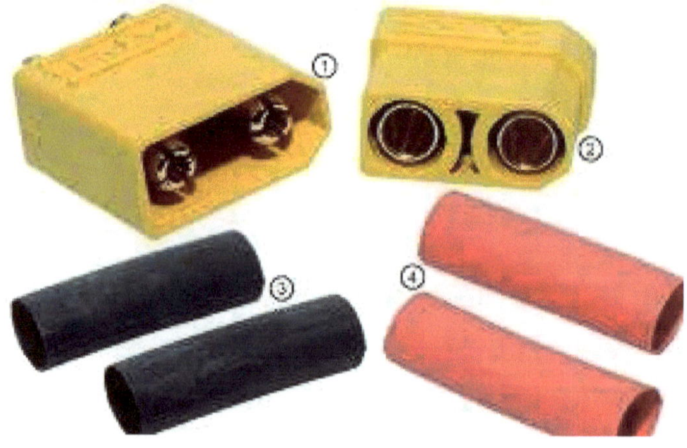

Questo è un esempio di connettore ad innesto, forse il più utilizzato in robotica, droni, e batterie litio. È uno di una serie di connettori simili nella forma ma come abbiamo detto differente nelle prestazioni e dimensioni.
La famiglia è quella degli XT
Abbiamo infatti Xt30 – Xt60 – Xt90
Un altro componente importante per innestare e chiudere per bene un ''polo elettrico'' è la guaina termoretraibile, che ovviamente dovrebbe essere di colore ROSSO o NERO in base al poso saldato.
I cavi elettrici vanno saldati ai due poli del connettore, mi raccomando di effettuare saldature ottime, ne vale del risultato finale e della durata del cavo stesso. Oltre che se uno dei due poli si dovesse staccare andrebbe immediatamente a fare cortocircuito con il polo opposto a pochi millimetri di distanza.

CONNETTORE A INNESTO COMMERCIALI

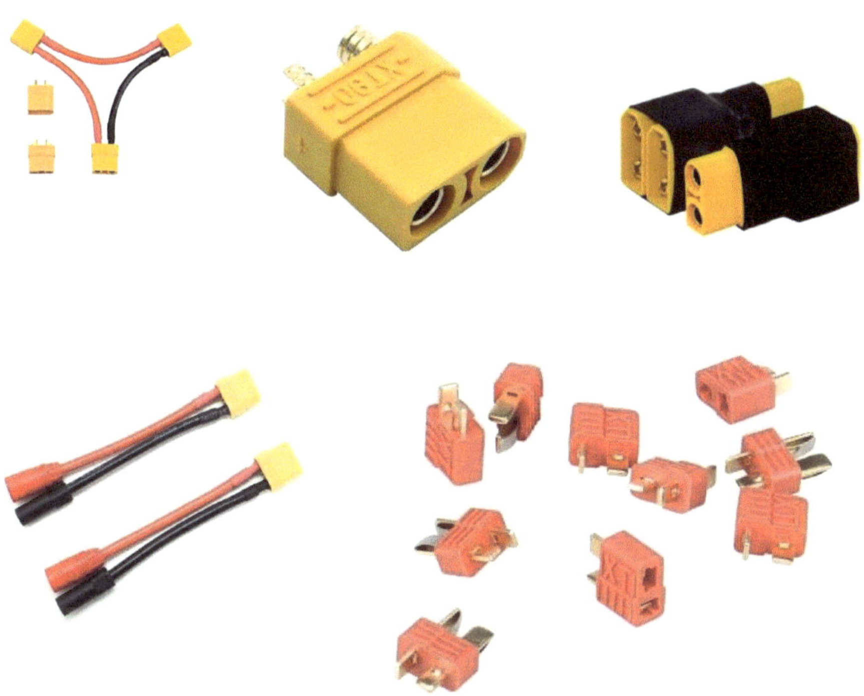

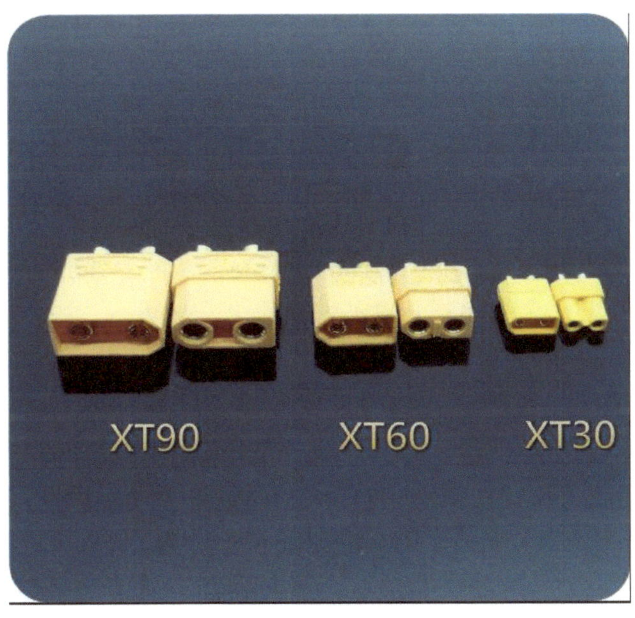

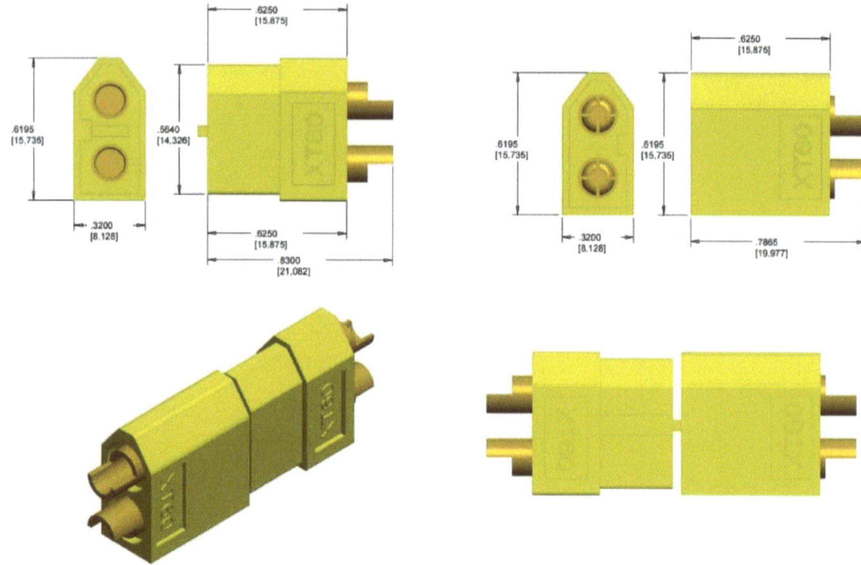

Consigli utili sulla scelta:

I consigli pratici sulla scelta di un paio di connettori ad innesto sono 3, il primo consiglio è quello di andare a cercare le varie schede tecniche dei vari modelli, così da avere un'idea effettiva sulle reali potenzialità del connettore. Un dato importante è quello dell'isolamento e della corrente massima. Consiglio due è quello di sovradimensionare sempre i connettori nel tuo impianto, ciò se il tuo motore ha un assorbimento di 50 A massimi cerca di installare un connettore ad innesto che abbia da scheda tecnica oltre i 70Ampere,così da non avere problemi di surriscaldamento o altri problemi tecnici derivati da una cattiva conducibilità (il motore se il connettore è piccolo non avrà mai i 50Ampere richiesti in etichetta).Prendo in considerazione la famiglia XT perché è quella che ha un rapporto qualità prezzo più alto, molto buona come qualità costruttiva anche se ovviamente hanno un costo che supera altri modelli ''economici''.

Caratteristiche dei 3 modelli:

Il Modello XT30 ha MAX **30AMPERE** di portata

Il Modello XT60 ha MAX **60AMPERE** di portata

Il Modello XT90 ha MAX **90AMPERE** di portata

Connettori media e bassa potenza

Questa serie di connettori anche essi ad innesto sono però utilizzati per andare ad alimentare carichi di medio/bassa potenza. Infatti una buona parte non supera una portata di 2Ampere
I connettori media bassa portata sono utilizzati su BMS e schede di bilanciamento di carica, questi connettori usualmente connessi a Bms di vario modello hanno il compito di ricaricare in maniera bilanciata i pacchi batterie con correnti basse (nel caso di pacchi batterie di piccole dimensioni).

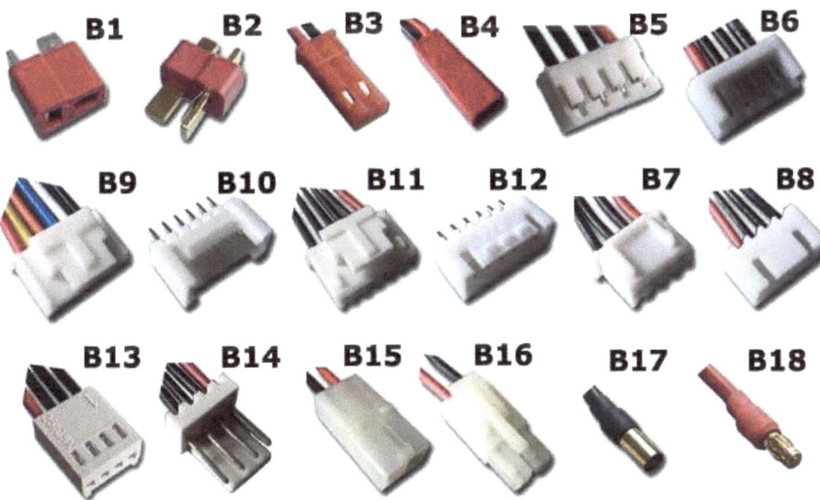

Connettori ad alte prestazioni

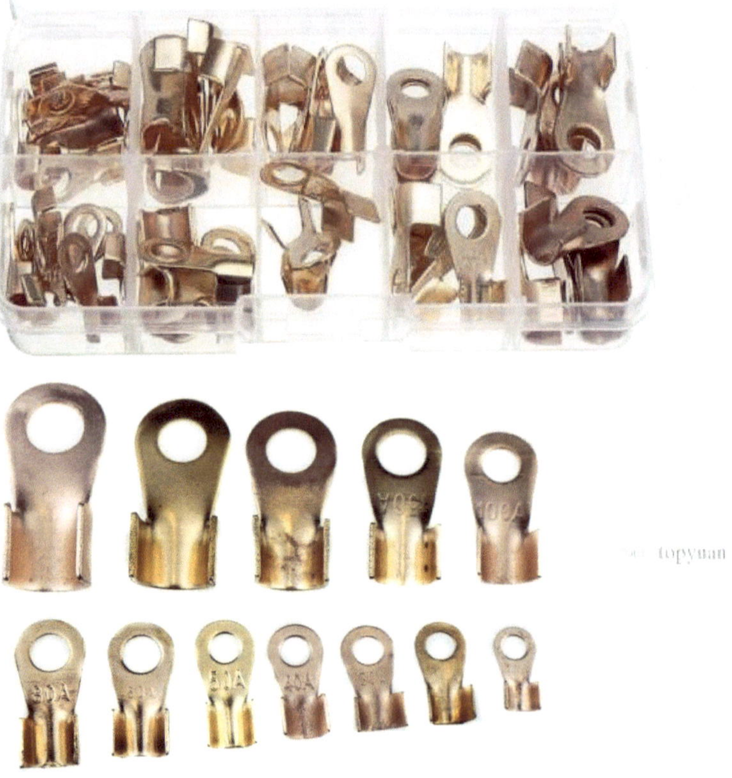

Questa alternativa di connettore non è un vero e proprio connettore ad innesto, ma possiamo ugualmente integrarlo in questo piccolo manuale poiché per corretti alte sono la migliore soluzione. Infatti arrivano anche a oltre 500AMPERE di scarica continua. Anche questi vanno saldati in maniera corretta e isolati con guaina termoretraibile, l'installazione va fatta con bulloni e dadi di adeguato diametro per una conducibilità ottimale.

Raccomandazioni Finali

Si raccomanda l'uso di questi connettori solo se il tuo sistema è compatibile con un sistema Plug, i cavi devono essere saldati e isolati per evitare infiltrazione di acqua e vapori. Non invertire la polarità al momento della saldatura ATTENZIONE può provocare cortocircuiti nel circuito o nella batteria. Testare il connettore saldato prima della connessione alla batteria.

Questa guida finisce qui, ti invito a lasciare un Feedback positivo 5 stelle e magari una foto, con un tuo commento su Amazon!
Non dimenticare che puoi trovare più fascicoli anche di altre tematiche direttamente Online, spedizione veloce e gratuita grazie ad Amazon Prime! E ricorda che gli unici fascicoli GFE sono questi!

GRAZIE DI CUORE

Questo e tanto altro lo trovi sul canale Youtube Fox Tech Channel

Iscriviti anche tu e segui tutti i miei progetti in prima linea!